CAPRICORN

TIME IS ON YOUR SIDE TO THE TOP.

時を味方に頂上へ

山羊座の君へ贈る言葉

鏡リュウジ
Ryuji K

sanctuary books

石橋をたたいて渡る
まじめで堅実。
そんなのは完全に間違いだ。
山羊座は自分で気づいている。
あなたの奥底に眠る、得体の知れない
激しいエネルギーの存在に。

確かに山羊座はまじめにみえる。
慎重でもあるかもしれない。
けれど、それは勇気がないということではない。
その逆だ。
自分の深いところに
とてつもないエネルギーが
あることを本能が知っている。
その使いどころ、
その「時」がくるのを待っているのだ。

保守的で変わることに臆病。
もし君にそう言う人がいるなら
それは誤っている。
変わりゆく時代のなかで山羊座は
たゆまなく自分をアップデートしている。
山羊座は変わり続けることで
変わらぬ自分を保っている。

あなたは臆病な勇者だ。
誰よりも怖がるからこそ、
必要な準備を怠ることがない。
誰よりも怖がるからこそ、
確実に目的地に辿り着くルートを
見つけ出すことができる。
そして、誰よりも怖がるからこそ、
誰よりも強くなろうとする。

山羊座のやっていることは、
なかなか結果が出ないことかもしれない。
「まだそんなことを続けているの？」
周囲からそんな奇異な目で
見られるかもしれない。
でも気にしないでいい。
ただ続けてほしい。

あなたの蒔いている種は、
いつか必ず美しい花となる。
どんな花が咲くのかは、
咲いてからのお楽しみ。

あなたは感覚的に
「正解」を選ぶことができる。
ただそれが正解だったのかどうか、
答えが出るのはずっと先のこと。
できることは、
これも正解なんだと信じて、
ただ前に進むことだけ。

先を見るな。
この瞬間のいま、
まさにここ、
その歩みを続けることだけが
遠い先の正解を生み出す。

いつまでも心を熱くするもの。
いつまでも一緒にいられる人。
いつまでも追いかけられる夢。
山羊座の人生は、
いつまでも変わらないものを
大切に守り続けながら、
ゆっくりと歩んでいく旅だ。
ただ奥底には得体の知れない
エネルギーを秘めていて、
いざというときには、
すさまじい行動力を見せるだろう。
保守的だけど刺激的。
そんな山羊座の人生を
さらに輝かせる「挑戦」と「飛躍」のために、
35のヒントとメッセージを贈ります。

山羊座のあなたが、

もっと自由に
もっと自分らしく生きるために。

CONTENTS

CAPRICORN

CHAPTER 1

本当の自分に
気づくために

【夢／目標／やる気】

あなたの夢は何か？
やりたいことが見つからないときは？
あなたの心を動かすものは何か？
山羊座のあなたが、
向かうべき方向はどこだ。

CAPRICORN

1

自分のなかの
「モンスター」を
目覚めさせる

あなたは、自分のなかに情熱的な「モンスター」が棲んでいることに気づいているだろうか。

　一般的な占いで、山羊座がよくいわれるのが、慎重で真面目、コツコツ努力する優等生というもの。確かに山羊座は努力家だし、慎重なところがあるけれど、それは一面にすぎない。

　山羊座の神話のモチーフは、おとなしい草食の山羊ではなく、荒ぶる神、獣性の象徴である牧神パーン。だから、山羊座のなかにはそれこそ「モンスター」のように激しく熱い衝動が潜んでいる。

　新しいことにチャレンジしたい、一番上を目指したい、大きな力を手に入れたい、人と違うものを生み出したい……。

　実際、山羊座は、堅い職業につく人だけでなく、時代を切り拓いたアーティストや作家、新しいビジネスをつくり出した起業家なども数多く輩出している。山羊座はあなたが考えているよりはるかに自由で、大きな夢をつかむことができる星座なのだ。

　だから、目を凝らしてほしい。あなたのなかには、優等生からはみ出た部分、いい意味で「モンスター」的な部分があるはずだ。

　普段は計画的なのに、あることをやると時間が経つのを忘れてしまう。いつもは冷静で客観的なのに、何かに向きあったときだけ感情がむき出しになる。そういう過剰な、コントロールできない部分に気づこう。そして、抑えきれない何か、枠からはみ出た要素を、全面肯定して解放していこう。

　怖がらなくていい。最初は多少のハレーションも起きるかもしれないが、格闘しているうちにその「モンスター」とうまくつきあい、乗りこなせるようになる。

　あなたのなかの「モンスター」は、いままで想像すらしたこともなかった未来にあなたを連れて行ってくれるだろう。

2

「ポジティブ」より
「ネガティブ」で
目標に近づいていく

「一番大切なのは、自信を持つこと」「自分はやれると信じることが成功の最大の秘訣」……ポジティブシンキング全盛の時代、巷には、こうしたアドバイスがあふれている。

けれど、山羊座は逆。根っこにネガティブ思考があるから、何かをはじめるとき、逆に「そんなこと自分にできるわけがない」と否定的な考えから入ってしまう。悪いことを想像して「失敗したらどうしよう」と心配が先に立ってしまう。

じゃあ、ネガティブ思考の山羊座は成功できないのだろうか。

そんなことはない。山羊座の場合は、ネガティブな思考、マイナスの発想が未来をつかむ原動力になる。

山羊座は自分の欠点やダメなところに目がいっても、それを克服しようという気持ちがあるから、人一倍努力できる。失敗のイメージが思い浮かぶからこそ、それを避けるために入念に準備したり、失敗した場合に備えてプランBを考えたりする。その結果、能力やスキルが向上して、新しいアイデアが湧いてくる。

実際、山羊座の成功者にはネガティブ思考の人が多い。彼らはみんな「自分に自信がなかったからがんばったし、恐がりだから危険を回避しながら冒険を成功させることができた」と語る。

あなたもネガティブ思考をエネルギーに変えよう。方法は簡単だ。自分をダメだと感じたり、失敗を恐怖する気持ちが芽生えたりしたら、そのマイナスの気持ちから逃げずに原因を見つめること。山羊座の根っこには、前向きで努力家の部分もあるから、必ずそれをバネにして前へ進むことができる。

山羊座のネガティブ思考は、マイナスでなく、現実をシビアに見つめる目だ。夢を絵空事で終わらせず、実現に近づけていく力にもなる。だから、あなたも堂々とネガティブでいればいい。

CAPRICORN

3

「一歩目」を
踏み出すために

山羊座に必要なのは、まず「一歩目」を踏み出すこと。山羊座は能力が高いからいったん動きはじめたら、どこに向かおうとうまくいく。実は行動力もあるから、最初に足を前に出すことができれば、自然と活発に動きはじめて、どんどん結果がついてくる。

　でも、山羊座は一方で慎重、臆病なところがあるから、その「一歩目」がなかなか踏み出せない。結局、そのまま行動に移せずに、せっかくの力を使わないまま終わってしまう人も少なくない。

　だから、なんとかして、まず「一歩目」を踏み出そう。

　効果的なのは、物理的に動かなくてはいけない状態をつくり出すこと。たとえば、あなたにやりたいことがあるなら、周囲に「これをいついつまでにやる」と公言してみる。あるいは、目的に関連しているところや、相談できる人にアポイントメントを入れてみる。レッスンなどの予約を入れるのもいい。

　目的や目標を明確にするのも大切だ。山羊座はふわっとした動機では動けない。たとえば、いろんな人に会おう、とだけ考えても、アポを取ったり、人に会いに出かけていくところまではいかない。だから、今日はこういう情報を引き出す、この交渉をまとめるなど、具体的な目的を設定する。

　他にも、自分の弱点を真正面から見据えて、それを克服したい気持ちにさせる、なんらかのインセンティブを設定してトリガーにするなど、いろんな方法を試してほしい。

　そして、動きはじめたら、どれくらい動けたか、どれくらい成長できたか、自分が進んでいるということを確認する。

　そうすると、動いたことが自信になって、さらに新しいこともはじめられる自分になってゆく。いつの間にか、輝く未来に導かれてゆくだろう。

4

現実主義者の目で
夢を実現する
「ルート」を描こう

山羊座は実は、心の奥底に夢や情熱を持っている人が多い。でも、一方で、それを阻むのが、「現実主義者」の部分。夢が頭に浮かんだときに、何を浮ついたことを考えているんだと思って夢を封じ込めてしまう。可能性を閉ざしてしまう。

　山羊座には力があるのに、そうなってしまうのはもったいない。

　もしあなたが「現実主義者」であるなら、むしろ、その特性をもっと活かして、夢を見つめ直してほしい。

　すこしでも夢を思い付いたら、"絵空事"と頭から否定しないで、本当に実現性がないのか、徹底的に考えてみる。もしすぐに実現するのがむずかしいのであれば、何が問題なのか、足りないものは何か、実現する方法はないのか、リアルに詳細に検証してみよう。

　たとえば、俳優になりたいという夢を「こんな地味な自分がなれるわけない」と打ち消しているなら、テレビや映画で活躍している地味なバイプレイヤーに着目する。そして、彼らの経歴を参考にしながら、自分なりの俳優になるまでの「ルート」を想像してみる。

　就職したい憧れの有名企業があるのに、いまの自分ではとても入れないと思うなら、どんな能力が必要かを考え、〇歳までにこういうスキルを身に付け、〇歳までに別の会社で経験を積んで、〇歳にその会社に転職する、といった「ルート」を描いてみる。

　大切なのは、具体的な夢までの「ルート」を探すこと。それさえわかれば、あなたのなかにモチベーションが湧いてきて、努力できる。もともと能力も高いから、どんどん成長していける。浮ついた絵空事だったものが、達成可能な目標に変わっていく。

　夢がふわふわしているからといって、ダメだと決めつけないで。ふわふわした夢を地上に引き下ろして、リアルなものに変えていけるのが、山羊座の最大の能力なのだから。

5

「時間」はたっぷり
かけていい

能力が高く努力もできる山羊座だが、結果がなかなか出ないこともある。結果にこだわるあまり焦ってしまったり、モチベーションを失いかけたりすることもあるかもしれない。

　でも、そういうときは「自分は時間をかけていいタイプなんだ」と言い聞かせてほしい。

　山羊座の守護星である土星の神は、時間を司るクロノス。山羊座は「時間」を味方にし、武器にすることができる。

　たとえば、夢や目標を持っていても、多くの人は時の流れと共にそれを見失っていく。でも、山羊座の場合はそうはならない。

　最初に抱いた思いはむしろ時間の経過とともに深まり、研ぎすまされていく。取り組んでいる仕事や勉強、趣味にしてもそうだ。山羊座は長い長い時間をかけてやり続ける力を持っている。一つひとつをじっくり積み重ねながら成長してゆける。

　そして、時間をかければかけるほど、それはいいものになっていく。ものをつくっている人なら誰もが認めるようないいものがつくれるようになるし、恋愛や人間関係でもお互いを信頼しあえるような関係を築いていくことができる。苦手なことや障害も時間をかければ必ず解決するし、辛い思いや悲しい体験も時間と共に忘れるのではなく、あなたの糧に変わっていく。

　山羊座の守護星・クロノスは、ローマ神話ではサトゥルヌスと呼ばれ、もともと農耕の神でもある。種を蒔き、水をやり、陽の光を浴びせ、花が咲き、そして実がなる。時間の力が、花を咲かせ、豊かな収穫をもたらしてくれる。

　時間を味方につけ、時間をかけてゆっくり育てていくことで、あなたの夢の種はいつかきっと美しい花を咲かせ、豊かな実を実らせるだろう。

「プー」の世界を
ユーモアと想像力で紡ぐ

A・A・ミルン
Alan Alexander Milne

1882 年 1 月 18 日生まれ
詩人・児童文学作家

イギリス・ロンドンに生まれる。ケンブリッジ大学卒業後、
風刺雑誌『パンチ』に所属し、軽妙なエッセイや詩を発表。
第一次世界大戦従軍後は、劇作家としても成功を収めた。有
名な童話『クマのプーさん』（岩波書店）は幼い息子、クリス
トファー・ロビンのために書かれたもの。プーと仲間たちが繰
り広げるユーモラスな冒険物語は、繊細な E・H・シェパード
の挿絵と共に、時代を超えていまも愛されている。

参考　アン・スウェイト（著）山内玲子・田中美保子（訳）　『グッバイ・クリスト
ファー・ロビン　『クマのプーさん』の知られざる真実 』 2018 年 国書刊行会

社会現象を巻き起こした 「国民的バスケ漫画」の作者

井上雄彦
Takehiko Inoue

1967 年 1 月 12 日生まれ
漫画家

1988 年に漫画家デビュー。1990 年から 1996 年まで『週刊少年ジャンプ』（集英社）で連載された『SLAM DUNK』は、シリーズ累計発行部数 1 億 2000 万部（国内）を超える人気となり、バスケットボール漫画の金字塔に。その後『バガボンド』（講談社）、『リアル』（集英社）など数々の話題作を生み出す。2022 年には初監督映画『THE FIRST SLAM DUNK』が公開。幅広い世代に支持され、大ヒットを記録した。

参考 「映画『THE FIRST SLAM DUNK』」
https://slamdunk-movie.jp

CAPRICORN

CHAPTER 2
自分らしく輝くために

【仕事／役割／長所】

あなたに備えられた才能はなんだろうか？
あなたが最も力を発揮できるのはどんな場所？
あなたが世界に対して果たす役割は何か？
山羊座のあなたが、最も輝くために。

6

「公務員」でも
「アーティスト」でも
成功できる

山羊座に向いている仕事というと、公務員や大企業の社員、銀行員などがあげられることが多い。確かに、山羊座は真面目で努力家だから、堅い仕事でも能力を発揮する。社会に対する意識がとても高いから、大きな組織で集団の力学や自分の役割をいち早く察知して、出世する人もたくさんいる。

　でも、山羊座が活躍できるのは、そういう堅実な仕事、組織の一員となる仕事だけじゃない。

　スタートアップ企業を自ら立ち上げて成功させている山羊座の経営者もすごく多いし、アーティストやクリエイター、作家、職人としても成功できる。実際、表現の分野では、宮﨑駿、村上春樹、宇多田ヒカル、松任谷由実など、世界的に評価されている作家、国民的な存在となったアーティストを数多く輩出している。

　その成功の背景にも山羊座の「社会性」があるのではないか。

　山羊座の表現者は独自の世界、高い美意識を持っている一方、社会や他者に対する想像力があるから、人々が何を求めていて、何によろこぶかがわかる。しかも、作家性と社会のニーズを中和させるのでなく、自分の作家性はそのままで、それが多くの人に伝わるよう、伝え方を磨いていける。

　この能力は、表現者以外の仕事にも活かせるものだ。たとえば、あなたが新しいビジネスに取り組むなら、自分の理想を変えずに、どうやったらそれが市場に受け入れられるかを徹底的に考える。あなたがものづくりの職人をしているなら、自分のセンスや美意識を保ちながら、使い勝手がよくなるように工夫していく。

　なんの仕事をするにしても、自分の志向や可能性を信じながら、「社会」にそれをどう届けるかを強く意識すること。そうすれば、山羊座は必ず大きな成功をつかめるだろう。

CAPRICORN

7

「勝つ確率」を
計算してから
挑戦する

山羊座は「活動宮」だから、本来、新しいことをはじめる能力もあるし、チャレンジする意欲もある。あなたがチャレンジに躊躇しているとしたら、新しいことがイヤなのでなく、失敗する、負け戦になるのがイヤなのではないか。

「挑戦」というと、結果を考えずとにかくやることが大事という人もいるけれど、山羊座はそうじゃない。失敗するのが人一倍怖いから、「勝てる」「うまくいく」という勝算が不可欠なのだ。

　だから、不安があって夢に踏み出せないときは、まず、成功の確率を計算してみよう。

　たとえば、飲食店をやるなら、自分の料理、立地、競合店などを分析して、集客や売り上げを計算する。勝算を感じられたら、山羊座はきっと新しい冒険に踏み出し、挑戦することができる。

　ただし、勝算がなかったり低かったりする場合も、すぐにあきらめないで、勝つ確率を上げていくことができないか、試してみよう。

　具体的には、他の条件は悪くても、これさえあれば、結果が大きく変わる、形勢を逆転させられるポイントを探し出す。そのうえで、そこに自分の能力やリソースを集中させてみるのだ。

　たとえば、立地が悪くてもお客が食べたくなる料理、この店にしかない特別なインテリア、そういうものをつくり出せるかどうか。

　それが無理なら、やめればいい。でも、いまは成功の確率が低くても「このポイントには自信がある」と感じられたら、絶対に挑戦したほうがいい。山羊座の能力と努力をもってすれば、必ず勝つ確率を上げていくことができる。

　チャレンジを恐れる必要はないし、無謀なチャレンジも必要ない。山羊座は、計算して勝つ確率を上げながら、夢に挑戦していく星座なのだ。

8

「立ち位置」を
確立して
「居場所」をつくる

「居場所」の存在が大切な星座は複数あるけれど、その意味合いはそれぞれの星座で異なっている。たとえば、牡牛座にとっては「心地いい場所」、蟹座にとっては「仲間」。山羊座の場合、「居場所」とは「自分はやれる」「自分は求められている」と思える場所だ。そこで自信を得て、そこを起点に未来へ踏み出していくことができる場所。

　だとしたら、山羊座は「居場所を探す」より、「どうしたら居場所にできるか」を考えたほうがいいのかもしれない。

　12星座の10番目に位置する山羊座は、社会への意識が最も高い星座。集団に対する感受性があるから、そこで自分が何を求められているか、どう動けば受け入れられるか、どんな姿勢でいれば人を動かすことができるか、がわかる。

　そうした周囲の「期待」「関係性」を意識して自分の「役割」「立ち位置」を決めて、行動に移していけばいい。

　みんなが苦手な仕事があってエアポケットになっていたら、その部分を率先して引き受ける、メンバーが個性的でリレーションがうまくいっていないなら、徹底して調整役に徹する、第三者的な視点を求められているなら、さまざまな客観的データを調べて提供する……。そういうふうに自分の「立ち位置」をはっきりさせて、まっとうすれば、あなたの評価が高まり、協力してくれる人やチャンスを与えてくれる人が出てくる。

　あなた自身も「ここにいていいんだ」という自信が持てるようになって、自由に前向きになっていく。やがて「自分がここで目指すべきもの」も見えてくる。

　気がついたら「立ち位置」が広がって、いまいる場所や組織そのものが「自分の居場所」だと思えるようになるはずだ。

9

「ロマン」と
「リアル」を
行き来する

「12星座の君へ贈る言葉」シリーズ
発売スケジュール

2023年
冬頃予定

水瓶座の君へ贈る言葉

『12星座の君へ贈る言葉』シリーズ
特設サイトはこちら▶▶

定価1,200円（+税）　著者　鏡リュウジ
発行・発売　サンクチュアリ出版

上半身が山羊、下半身が魚というアイコンの形が象徴するように、山羊座はまったく逆に見える２つの面を持っている人が多い。

　優等生の面と、モンスター的な部分。冷静なリアリストの顔とロマンチックで情熱的な顔。臆病で慎重かと思えば、大胆な決断をする。恋愛でも奥手なようで、時々すごく官能的になる。みんなを守る面倒見の良さを見せたかと思えば、冷酷に切り捨てる。

　分裂的に思えるかもしれないけれど、この極端な２つの面を併せ持っていることは、山羊座の強みだ。

　実際、いろんな分野で成功している人を見ても、対照的な２つの顔がくるくる入れ変わる人が多い。社員から慕われながら、急に冷徹なところを見せる経営者。美しいロマンを語りながらシビアに計算しているクリエイター。

　あなたも自分のなかにある両極端を追いかけてみよう。

　とくに仕事で意識したいのが、「ロマン」と「リアル」。どちらかの面を抑え込むのでなく、中和させるのでもなく、両方を極端に行ったり来たりしてみてほしい。

　たとえば、あなたがものづくりをしているなら。最初に思いっ切り自由に考えてみて、途中でいきなり現実的になって検証し、そのあと、また自由に発想する。ビジネスでも同じ。この商品を世に出すことで社会をよくしたいというロマンを持ちながら、一方で、本当に利益が出るのかとシビアに考えて、経費を切り詰める。そのあとに、もう一度、原点に戻って、本当の目的を思い出す。

　刀は、熱して冷やすを繰り返して鍛えてゆくが、あなたも、「ロマン」と「リアル」を行ったり来たりして、表現やアイデアをどんどん研ぎ澄ませてゆくことができる。２つの極端を往復することで、あなた自身も成長していくことができる。

CAPRICORN

10

成長するために
「仕組み」をつくる

山羊座が成長するために、一番効果的な方法はなんだろう。それは、努力する「仕組み」をつくることかもしれない。

　山羊座は、ルールや枠組みを決めたがるし、いったん決めると、それを絶対に守ろうとする。その特性を利用するのだ。

　たとえば、部屋をいつも整理整頓された状態にしたいなら、漠然と「片付けよう」と決心するのでなく、それぞれの物を置く場所を決める、毎朝起きたら5分掃除する、というように、片付けることが習慣になるようなルールをつくってみよう。

　仕事のために企画力をつけたいときも、闇雲にアイデアを出そうとするのでなく、アイデアを出す前の儀式のようなものをつくってみるといい。本屋さんに行って参考資料を必ず10冊読む、ターゲットに近い人に話を聞きまくる、おしゃべり好きな同僚や友人とランチしながら雑談ブレストする……。

　こんなふうに、具体的な「仕組み」をつくれば、山羊座はモチベーションが湧いてくるし、絶対にそれを守ろうとする。確実に効果が上がって、大きく成長してゆける。

　成長できたと思ったら、次はその「仕組み」をレベルアップしていこう。月に5万円貯金する節約ルールが成功したら、今度は金額を7万円にアップする。そうやって「仕組み」のレベルを上げれば、あなたのポテンシャルもどんどん上がっていく。

　時代や状況、周囲の環境が変わったときも、「仕組み」をバージョンアップすればいい。自分が必死に変化についていこうとしなくても、簡単に新しい状況に対応することができる。

　山羊座はもともと努力家だけれど、それを「仕組み」化すれば、何倍もの効果を引き出せる。あなた自身もこれまでの何倍ものスピードで成長してゆけるはずだ。

CAPRICORN

PERSON
山羊座の偉人
3

不屈の信念で
公民権運動を導く

マーティン・ルーサー・キング・ジュニア
Martin Luther King Jr.

1929 年 1 月 15 日生まれ
牧師

バプテスト派牧師の父のもと、アメリカ南部のアトランタで生まれ、自身も聖職者の道へ。1950 年代には黒人に対する差別や暴力に反対する公民権運動に身を投じ、非暴力の抗議活動を貫いた。1963 年のデモ「ワシントン大行進」における「私には夢がある……」のスピーチはあまりにも有名。1964 年の「公民権法」成立を後押しした功績からノーベル平和賞を受賞。1968 年に暗殺されるまで、自由と平等を求めて人種差別と闘い抜いた。

参考 「アメリカ大使館公式マガジン アメリカン・ビュー」
https://amview.japan.usembassy.gov/life-legacy-martin-luther-king-jr/

ゴリラと共に生き、
研究と保護に一生を捧げた

ダイアン・フォッシー
Dian Fossey

1932 年 1 月 16 日生まれ
動物学者・霊長類学者

アメリカ出身。マウンテンゴリラの世界的研究者。セラピスト
として働いていたが、アフリカ旅行の際に人類学者 L・S・B・リー
キー博士に見出され、1967 年からルワンダでゴリラ研究に携
わる。世界ではじめて野生のゴリラの群れに入ることに成功。
“凶暴なゴリラ”のイメージを覆し、群れの絆と高い社会性を
明らかにした。密猟への反対・保護活動にも熱心に取り組むが、
1985 年に何者かに殺害され、波乱の生涯の幕を閉じた。

参考　ダイアン・フォッシー〔著〕羽田節子・山下恵子〔訳〕『霧の中のゴリラ——
マウンテンゴリラとの 13 年』2002 年 平凡社

CAPRICORN

CHAPTER 3

不安と迷いから
抜け出すために

【決断／選択】

人生は選択の連続だ。
いまのあなたは、過去のあなたの選択の結果であり、
いまのあなたの選択が、未来のあなたをつくる。
山羊座のあなたは、何を選ぶのか。
どう決断するのか。

11

勇気ある
「臆病者」であれ

臆病で慎重といわれる山羊座。もしかしたら、そのことをコンプレックスに感じて、自分は優柔不断、決断力がないと思い込んでいるかもしれない。

　でも、そんなことはない。

　山羊座は「臆病」だからこそ、失敗やトラブルが起きる可能性を察知して、それを避けることができる。反対意見に耳を傾けたり、別の角度から検証することができる。自分を省みることができて、自分の本当の気持ちに気づくことができる。自分の行動によって、人を傷つける結果が起きないように、配慮できる。

　そう、山羊座は「臆病」だからこそ、いい決断ができるのだ。

　これから山羊座がするべきは、「臆病さ」を自分の欠点として克服しようとするのでなく、「臆病さ」を武器として磨いていくこと。もっと具体的な方法論に発展させていくことではないか。

　起きうるトラブルを想定して、リスク要因を特定し、それが起きないような緻密な計画を立てておく。それでもトラブルが起きたときのために、事後的に修正できる方法を考えておく。全体的にうまくいかなかったときのために、切り替えられるプランＢを考えておく。それもダメだったときの、説明や謝罪など対処法を考えておく。

　そうやって、事前にありとあらゆる事態を想定して準備しておけば、気持ちに余裕ができて、自信を持って物事にのぞめるし、成功の確率も上がっていく。

　だから、あなたも勇気を持って「臆病者」でいればいい。「臆病さ」を武器だと自覚して積極的に使ってゆけば、どんな選択をしたとしても、それが一番いい選択になってゆく。決断がどんどんブラッシュアップされてゆく。

12

「正解」に
こだわりすぎない

山羊座は決断力がないわけではなく、知性があって、合理的な判断ができる。

　ただひとつネックになるのは、「間違えてはいけない」「正解を選ばなくてはいけない」という思いが強すぎること。正解にこだわりすぎるあまり、何も選べなくて身動きが取れなくなったり、無難なものばかり選んで、可能性を狭めてしまう。

　人生の選択肢に「正解」や「間違い」はない。視点や状況、立場が変われば、あるいは時間が経てば、簡単に評価が真逆になる。

　就職した時点では社員数人の小さな会社が、開発したサービスの大ヒットでリーディングカンパニーになったり、逆に安泰と思って入った老舗の大企業が業績不振になってリストラにあったり。

　それに、山羊座は能力が高いから、ある時点で「間違えた」と思う選択であっても、修正したり、その経験を活かしながら、最終的に結果を逆転させることができる。

　たとえば、映画をつくりたかったのに、銀行に就職して後悔しているとしたら、そこから映画の夢を目指せばいい。それは遠回りにはならない。銀行員として学んだ資金繰りやマネジメントは確実に映画制作に役立つし、ビジネスパーソンの経験をしたことで多くの人の心に響く作品をつくれるようになるかもしれない。

　大切なのは、物事に絶対的な「正解」や「間違い」があるという固定観念を打ち消すこと。「正解」にこだわらないこと。「間違い」かどうかなんて気にしなくていい。あなたには、あなたが選んだものを正解に変えていく力がある。

　その時々で、あなたがこれかなと思ったこと、これしかなかったという選択肢を受け入れて前に進んでいくこと。そうすれば、必ず輝く未来につながっていく。

CAPRICORN

13

すべての選択肢の
「最悪」を比較する

リスクを想像できるのは、山羊座のいいところ。でもその結果、つい不安が先に立って、踏み出せないときがある。

　そういうときは、中途半端に漠然と不安がっているんじゃなくて、「最悪の事態」を具体的に想像してみよう。

　たとえば、起業したいのに不安で迷っているとしたら、あなたが恐れている失敗ってなんなのか、突き詰めて考えてみよう。大赤字になることなら、「最悪」の場合、何カ月で資金が底をつくのか、どれくらいの借金になるのか、具体的に想像してみよう。

　そうすると、意外と怖くないことに気がつくはず。赤字になっても○カ月の間に修正すれば対応できる、それくらいの借金なら挽回できないこともないか、と最初より不安が和らいでいるかもしれない。逆に「最悪」を避けるアイデアが湧くこともある。

　何も見えていないときはただ怖いだけだった「暗闇」も、目を凝らせば、何があるかがわかって、対策を立てることができる。

　複数の選択肢で迷っているときも、この方法を使ってみたらどうだろう。多くの人はどの選択肢にメリットが多いかを考えがちだが、それぞれの選択で、どんな最悪の事態が待っているのかをシミュレーションしてみる。

　たとえば、会社を辞めるか辞めないかで迷っているなら、続けた場合の自分の精神状態と、新しい仕事が見つからない、転職して新しい会社で馴染めないなど、退職後の最悪の状況とを比較する。

　そうすると、何が一番しんどいかがわかってくるし、しんどくても後悔しない選択肢が何かということもわかってくる。

　ネガティブすぎるなんていう他人の声は気にしなくていい。

　徹底的に最悪を想像することで、あなたはきっと本当のポジティブを手に入れることができる。

14

「長い目」で選ぶ

山羊座の守護星である土星は時間を司る神クロノス。だから山羊座には、「時間軸」「時間の経過」を想像する力がある。

　多くの人は、いまここにあるものしか見えないけれど、山羊座は、それが3年後どうなっているのか、10年後どうなのか、かつてはどう評価されていたのかを想像することができる。時間を超えて残るもの、すぐに廃れるものを、見分ける力がある。

　だから、迷ったときは「時間」を意識してみよう。

　会社を選ぶとき、いま給料が高いとか業績がいいとかでなく、10年後この会社が残っているか大きくなっているか。あるいは、10年後、自分がどういう実績や経験を手にすることができるか。

　恋人を選ぶときも、いま楽しいだけじゃなく、30年後も40年後もずっと一緒にいられるか。何かを買うとき、今シーズンだけでなく、長く使い続けることができるか。

　自分の姿勢や行動についても、長い目で見て成長につながることを意識したほうがいい。あなたが会社員なら、どういう行動をすれば、長期的に見て会社のためになるか、を考える。あなたがお店を経営しているなら、短期的に利益を得るより、長期的にお店の信頼が高まるやり方は何か、を模索する。

　もうひとつ、選択そのものに「時間」をかけることも、あなたにとっては大切だ。

　結論を焦らずに、納得するまで、たっぷり時間を使って熟考する。それでも結論が出なければ決断を見送って先送りしたっていい。ここまでに決めろといわれていても、先延ばししてもいい。「時間」を味方につけているあなたが「時間」を使って、「時間」の審判に耐えられるものを選べば、必ず本物を選ぶことができる。きっといい結論に辿り着ける。

15

「新しい決断」
のために

人生では、ときに理に適っていないものとか、いままでまったく選んだことのないものを選ばなくてはいけない局面がある。イレギュラーでチャレンジングな選択や決断をできるかどうかが、大きく飛躍するための鍵になる。

　慎重な山羊座がそういうイレギュラーな「新しい決断」をできるようになるためには、どうしたらいいのだろう。

　ひとつは、小さくはじめてみること。たとえば、会社を辞めてアーティストや作家になるのが不安なら、会社員をしながら創作活動をし、ときどき SNS で発表する。顔や名前を出すのが不安なら、匿名で発表して様子を見てもいい。起業するなら、失敗して失っても大丈夫な金額を計算して、その金額を予算として事業をはじめてみる。小さい範囲なら、あなただって「新しい決断」に踏み出すことができるはずだ。

　お試しで慣れる、安全な場所で挑戦する、というのもありだ。学校や会社を選ぶ前に、体験入学や体験レッスン、インターンなどに参加する。カラオケで歌ったことのない歌を歌いたいなら、家族とのカラオケで練習がてら歌ってみる。リノベーションをしたいなら、まず自分の部屋の使っていない家具とか、空き家状態になっている実家で試してみる。

　実際に行動しなくても、「新しい決断」をした自分を毎日想像してみるだけでもいい。毎日、できるだけ具体的に想像することで、あり得ないと思っていた選択肢がすこしずつ身近になってくる。

　大事なのは、すこしずつでいいから、「新しい決断」「新しい挑戦」に自分を慣れさせていくこと。そうすれば、自信がついて、すこしずつイレギュラーな選択ができるようになる。もっと大きなことでも、チャレンジングな選択ができるようになるだろう。

真贋を見極め続けた
"日本の美"の探求者

白洲正子
Masako Shirasu

1910 年 1 月 7 日生まれ
随筆家

東京・永田町に樺山資紀伯爵の孫娘として生まれ、幼少期より能を習う。14 歳で渡米。米国での留学体験は、後の人格形成に大きな影響を与えた。1929 年に、実業家の白洲次郎氏と結婚。戦後は青山二郎、小林秀雄らに師事し、独自の審美眼を磨く。能や骨董、古寺など日本人の精神的支柱となる文化を追求し、88 歳の晩年まで精力的に著作を発表し続けた。代表作は『かくれ里』(講談社文芸文庫)。

参考 河出書房新社編集部(編)『増補新版 白洲正子:＜美＞の求道者』
2014 年 河出書房新社

いまも色褪せぬ魅力の
キング・オブ・ロックンロール

エルヴィス・プレスリー
Elvis Presley

1935 年 1 月 8 日生まれ
歌手

アメリカ南部の貧しい家庭に生まれ育ち、1954 年に「That's All Right」で歌手デビュー。1956 年の「Heartbreak Hotel」が初の全米 No.1 に。甘いマスクとセクシーなダンス、弾けるビートは、世界中で熱狂的なムーブメントを生み出した。「Hound Dog」「監獄ロック」などヒット曲を連発し、レコード総売り上げは推定 30 億枚。史上最も成功したソロアーティストとしてギネス認定されるなど、数々の伝説を打ち立てた。

参考　「ソニーミュージックオフィシャルサイト」
https://www.sonymusic.co.jp/artist/elvispresley/profile/

CAPRICORN

CHAPTER 4
壁を乗り越えるために

【試練／ピンチ】

あなたの力が本当に試されるのはいつか？
失敗したとき、壁にぶつかったとき、
落ち込んだとき……。
でも、大丈夫。
あなたは、あなたのやり方で、
ピンチから脱出できる。

CAPRICORN

16

目標を見失ったら
「目の前」の
坂を登れ

ホロスコープで「天頂」に位置する山羊座は、人生においても「山の頂」を意識する星座。自分の使命や目標を見出すことができれば、そこに向かっていくらでも努力できる。

　あなたがいま、やる気が起きない、行き詰まっているなら、それは、自分が登るべき「山の頂」「人生の目的」が見えなくなっているからではないか。

　なんのために勉強するのか、いまの仕事は自分の人生においてどんな意味があるのか。そんな気持ちになったときは、無理に「人生の本当の目的」を探す必要はない。本質を考えることをいったんやめて、とりあえず「目の前」にある課題に取り組んでみよう。

　進学の時期なら、とにかく受験勉強をがんばってみる。仕事なら、課せられたミッションをクリアすることに必死になる。

　山羊座生まれでアメリカ公民権運動のリーダーとして黒人差別と闘ったキング牧師は、階段のすべてが見えなくても、疑わずに最初の一段を登ること、とにかく最初の一歩を踏み出すことが大切だ。というような言葉を残しているといわれている。

　そう、大事なのは「山頂」が見えていなかったとしても、いま見えている「目の前の坂」を登ること。そんなふうに頭を切り替えさえすれば、山羊座は夢中になって努力することができる。

　そして、一歩一歩足元を見ながら、坂を登っていくと、あるとき突然、霧が晴れて、自分が本当に登りたかった「頂」が目の前に近づいていることがわかるだろう。

　山羊座が目指している「頂」は、何かで一番になることや社会的な成功じゃない。試練を乗り越えて自分自身が成長すること。

　あなたも、まず「目の前」の坂に向かって、一歩踏み出そう。いまは何も見えなくても、その先に必ず「天頂」が待っている。

17

あえて
「ルール」を
破ってみる

あなたは、知らず知らずのうちに自分のことを「ルール」でがんじがらめにしていないだろうか。

　指示されたことは必ず期日までに終わらせる。一度はじめたことはやめない。添加物は絶対に摂らない。週に1回、異業種の人と交流する。週に3冊本を読む。月に1回はセミナーに参加する。

　こうしたルールを守れたら、それは素晴らしいことだけれど、でも山羊座は、ルールを厳格に課しすぎるところがある。1回破っただけで自分を徹底的に責めてしまうことも。その結果、「自分はダメだ」と否定し、自信を喪失することも少なくない。

　そうなってしまったら逆効果。山羊座がもっと楽にルールとつきあうには、どうすればいいのだろう。

　おすすめなのが、無意識にルール化していることを洗い出し、そのルールを「あえて破る」というエクササイズをすること。

　いつも早寝早起きなら、ときには徹底的に夜更かし、朝寝坊をしてみる。毎日自炊をして栄養バランスに気をつけた食事をしているなら、たまにジャンクフードを食べまくってみる。週に1回セミナーに通って勉強しているなら、1カ月くらいサボってみる。「あえて」だから罪悪感も感じないし、逆に破ってみることで、これまでいかに自分がルールで自分を抑圧していたかがわかる。もっといいのは、自分にとって大事なルールが何かも再確認できること。破ってみて必要ないルールと思えばそのままやめればいいし、やっぱり必要と思ったら、復活させればいい。

　あなたもこの「ルール破り」を試してほしい。きっと知らないうちに自分をがんじがらめにしている鎖に気づくことができる。その鎖から自分を解放することができる。もっと楽に自由になって、新しい自分に出会うことができるだろう。

18

「いつものアレ」に
戻って
羽を休める

向上心が強く努力家の山羊座。でも、そんな山羊座だってがんばりすぎて疲れてしまったり、行き詰まって自信を失ってしまうことがある。

　そういうときは、とりあえず「いつものアレ」に戻ってみよう。「いつものアレ」というのは、目をつぶっていてもやれるような得意なこと、絶対失敗しない安心感を持てる場所、自分の出発点となっている成功体験、ずっとこれまでやってきた定番……。いったん上を見るのをやめて、そういう場所や分野に、逃げ込もう。

　本来は裏方タイプなのにリーダーを任されてしんどいなら、一度誰かにリーダーの座を譲って、裏方に戻ってみる。コーヒーが好きでカフェをはじめたのに、メニューを増やしすぎてしまったなら、一杯のおいしいコーヒーを入れることに立ち返る。意識の高い友人たちと切磋琢磨する関係に疲れたときは、気の置けない学生時代の友だちや地元の友だちとだらだら過ごす。

　無理めの環境に身を置いて自分を鍛えること、新しいことに挑戦して刺激を得ることは、成長してゆくために大事。だけどずっとそれをやり続けると、疲弊してしまう。山羊座はがんばりすぎてしまう傾向があるから、なおさらだ。

　そんなときは、慣れ親しんだ「いつものアレ」に戻って、羽を休めよう。そうすれば、失っていた自信が蘇えってくる。

　前線を退いたらそのままそこで安住してしまう人もいるけれど、あなたはそんなことはない。一度「いつものアレ」に戻って自信を取り戻せば、また上に向かって進んでいける。

　重要なのは、自分の戻るべき定位置がどこかを把握すること。何かあったら、ここに戻ればいいという場所を持っておくこと。

　それさえあれば、あなたはどこまでも成長してゆける。

CAPRICORN

19

前向きに
「責任転嫁」しよう

山羊座をしばしば苦しめるのは、過大な責任感だ。

　もちろん、責任感があるからこそ、山羊座は信頼を集め、みんなから評価される。ただ、何かうまくいかないときやトラブルが起こったとき、責任感が強すぎるあまり、つい「自分のせいだ」「自分でなんとかしなくては」と背負い込んでしまう。自責の念が強く、塞ぎ込んだり、やけになってしまったり。

　でも、そんなあなたに「無責任でもいいから放り出してしまえ」といっても、むずかしいだろう。

　だから、まずは自分ひとりの責任だと思い込んでいることを見直して、本当にすべてあなたのせいなのか、客観的に検証してみよう。

　失敗やトラブルにショックを受けているあまり、すべて自分のせいだと思い込んでいるけれど、他の人にも原因があったり、タイミングや環境の問題だったり、状況の変化によるものだったり。自分以外にもさまざまな要因があったことに気づくだろう。

　他にも原因があるものは、思いきってそのせいにしてしまおう。

　あなたは、それを責任転嫁と思うかもしれないが、自分に責任がないことは、堂々と責任転嫁していい。自分にも責任があることでも他にも原因があるなら、自分の責任部分だけ切り分けて考えればいい。自分の問題点だけをきちんと整理できれば、何をすべきか見えてくる。あなたの未来を見据える力、組織のコードを読み解く力、交渉能力も蘇ってくる。

「責任転嫁」というと、逃げや無責任の代名詞。でも山羊座の場合は、過剰に責任を背負っているからこそ、「責任転嫁」が問題を解決したり、物事を前に進める第一歩となる。

　きちんと前向きに「責任転嫁」していくことが、状況を好転させるだけでなく、あなたを成長させるはずだ。

20

期間限定で
「世捨て人」に
なろう

山羊座がどうしても落ち込みから立ち直れないときは、思い
きって「隠遁」してしまうのもひとつの手かもしれない。

　山羊座は社会的な星座で、いつも組織や社会を意識し、周囲
から何を求められているか、何を期待されているか、が行動原
理となっている。そういう社会的な意識や人間関係のストレスが
じわじわ溜まっていくと、やがて大きなダメージになって、そもそ
ものやる気やエネルギーをうばってしまうのだ。

　ただ、山羊座には、人のことは気にするなといわれても、それ
はむずかしい。いままで通りの生活をしていると、周りのいろん
な動きが目に入ってくるし、声が聞こえてくる。

　だったら、無理やりにでも、人や社会と距離を置いてみよう。

　スマホの電源を切る、SNSをやめてネットも見ない、人にも会
わない、自分のことを誰も知らない場所に出かけるのもいい。

　山羊は時折、群れを離れて崖を登り、山の奥深くに入っていく
が、あなたも「世捨て人」になって「隠遁」生活をしてみよう。

　山羊座の「隠遁」は逃げではない。普段社会を強く意識して
いるからこそ、孤独になることが栄養補給のために必要なのだ。

　ずっと「世捨て人」でいる必要はない、期間限定でいい。1
カ月でも1週間とか3日でもいい。社会から切り離され、評価
や役割から自由になった自分に立ち返ること。そうすることで、
あなたのなかにエネルギーが静かに戻ってくる。

　実際、山羊座の著名人のなかには、一時休養したあとに復活
して前以上に活躍している人がたくさんいる。

　あなたも大丈夫。山羊座は根っこに社会への意識があるから、
そのまま仙人になったりしない、必ず社会に戻ってくる。以前より
もっと深みを持って、より成長した形で戻ってくるだろう。

CAPRICORN

PERSON
山羊座の偉人
7

世界中で愛される
アメコミ・ヒーローの父

スタン・リー
Stan Lee

1922 年 12 月 28 日生まれ
アメリカンコミック原作者・編集者

アメリカ・ニューヨーク出身。「スパイダーマン」「ファンタスティック・フォー」「アイアンマン」「X-MEN」「アベンジャーズ」など、数々の人気アメリカンコミックを手がける。シリーズ共通の世界観や登場人物の多様性、不完全だが魅力的なヒーロー像は世界中に熱狂的ファンを生み出した。彼の手腕で「マーベル・コミック」はアメコミを代表するレーベルとなり、映像作品も扱うマルチメディア企業へと変貌を遂げた。

参考 「映画 .com」
https://eiga.com/person/42811/

CAPRICORN

PERSON
山羊座の偉人
8

史上最年少「監督賞」受賞の 天才フィルムメーカー

デイミアン・チャゼル
Damien Chazelle

1985 年 1 月 19 日生まれ
映画監督・脚本家

アメリカ出身。ハーバード大学在学中に製作したミュージカル映画が評価され、映画監督に。ジャズドラムに打ち込んだ実体験を基に脚本・監督を手がけた『セッション』がサンダンス映画祭でグランプリ・観客賞のW受賞、第 87 回アカデミー賞3 部門受賞を果たす。ミュージカル映画『ラ・ラ・ランド』では史上最年少の 32 歳で第 89 回アカデミー賞監督賞を受賞。" 才能あふれる若きクリエイター " として、一躍時の人となった。

参考 「映画 .com」
https://eiga.com/person/281800/

CAPRICORN

CHAPTER 5

出会い、
つながるために

【人間関係／恋愛】

あなたが愛すべき人はどんな人か？
あなたのことをわかってくれるのは誰？
あなたがあなたらしくいられる人、
あなたを成長させてくれる人。
彼らとより心地いい関係を結ぶには？

21

「人への気づかい」で
苦しくならないために

「仕事でもプライベートでも気をつかってばかり」「いつも周りの目が気になって心が休まらない」

　人への気づかいができる山羊座は時折、人間関係に疲れてイヤになってしまうことがある。

　でも、自分の人に対する接し方を頭から否定しないほうがいい。山羊座は、社会や他者を意識するから、仕事もできるし、みんなに頼りにされる。人の顔色や周りの目をうかがうから、相手のニーズをくみ取り、他者の期待に応えることができる。

　まだ成熟していないうちは、自分のことと相手のこととのバランスがうまく取れず、過剰になってしまうこともあるけれど、そのうちだんだんバランスが取れて、もっと自然な形で周りに気をつかえるようになる。自分を守りながら相手も尊重できるようになる。

　もしあなたがいま、気をつかいすぎてしんどいと感じているなら、相手と自分の気持ちの「バランス」をすこしずつ意識していこう。

　たとえば、誰かに気をつかって行動したと思ったら、自分の本当の気持ちはどうだったのか、改めて自分に問いかけてみる。

　本音は違うのに無理やり相手にあわせた、気をつかったと思ったけれど実は自分も同じ思いだった、相手と自分の妥協点を探った結果だった……いろんなケースがあったことがわかるだろう。

　だからといって、言動を修正する必要はない。そういう思考の結果だったのかと認識するだけでいい。それだけですこしずつ客観的になれて、気をつかっている自分が癒されてゆく。

　何より大切なのは、気をつかいすぎる自分を否定しないで、自分の本当の思いにも気づくこと。そうすればきっと、自分を消耗しないバランスのいい気のつかい方ができるようになる。自然な形で相手も自分も大事にできるようになるだろう。

CAPRICORN

22

「恋」も
時間をかけて
育てていこう

あなたはいま「好きな人になかなか思いが届かない」と感じていないだろうか。あるいは、大切な人との距離が縮まらない、関係が深まらないと、悩んでいるかもしれない。

　だとしても、焦らなくて大丈夫。山羊座は「時間」の神・クロノスが守護星。恋愛でも「時間」があなたの味方になる。

　実際、山羊座の恋は、時間が経つにつれて、気持ちが色褪せるような軽薄なものじゃない。むしろ、時間をかければかけるほど、深く素晴らしいものになってゆく。

　恋のはじまりも一目惚れよりは、知りあいや同僚、先輩後輩から友だちになり、友だちから深い悩みを打ち明けあう存在になり、そこから恋人に、とすこしずつ深まってゆくケースが少なくない。

　だから、いまあなたに好きな人がいて、関係を深めたいと考えているなら、焦らずじっくり時間をかけよう。

　山羊座は、ひとりの人をずっと思い続ける一途さはあるけれど、生真面目だから、中途半端はよくないと思いをあきらめようとするところがある。でも、あきらめたりしなくていい。ちゃんといまの関係を受け止めて、すこしずつ、深めていけばいい。

　もちろん、ケンカしたり、気持ちがすれ違うこともあるかもしれない。でも、山羊座の恋は、そういうマイナスなことも経験しながら、本当の恋、唯一無二の関係に近づいていく。

　思いを伝えて断られたとしても、1回や2回くらいだったらあきらめなくていい。また友だちに戻って、また伝えたらいい。

　もし最終的に叶わなかったとしても、その時間は無駄じゃない。

　信頼を育んで悩みを打ち明けあったり、同じものを見て笑ったり、そういう時間を共有した経験は、消えない。心の養分になって、あなたを成長させるだろう。

23

「孤独」を
恐れなくていい

周囲からも信頼されていて、いろんな人とうまくコミュニケーションがとれている山羊座。でもあなた自身は、心のどこかで「自分は人と表面的な関係しか持てない。深くつきあえる相手がいない」と、孤独を感じているのではないだろうか。

　確かに、山羊座は人に対して、ある地点から先に入り込めない。壁をつくってフランクな関係になりきれないところがある。

　でも、それは慎重な山羊座の防衛本能の現れだし、山羊座の抱えるこの孤独感は、必ずしも、解消しなければならないものではない。

　山羊座にとって、孤独はむしろ必要なもの。あなたの魂に休息をもたらし、あなたを守り、本当に大切なものに気づかせてくれる。孤独だからこそ、思考を深め、自分のやりたいことに集中し、誰にも成し得なかったような大きなことを達成できる。実際、山羊座の成功者には「孤独をずっと抱えていた」「孤独を乗り越えてここまできた」と語る人が多い。

　それに、山羊座は孤独が苦しくて、ひたすら耐えているわけでもない。むしろ孤独を恐れさえしなければ、孤独はとても楽しい時間を生み出してくれる。

　ひとりで観たい映画を観たり、ひとりで食べたいものを食べたり、時間を気にせずゲームをしたり、あるいはひとりで思うままに旅をしたり。孤独は、あなたの人生を豊かにしてくれる。

　しかも、その孤独を受け入れることで、その先、自分にとって最も居心地の良い人間関係、自分らしさを保てる人間関係を発見することができる。

　大切なのは孤独を恐れないこと。そうすれば、山羊座はきっと孤独から抜け出し、豊かな人生が送れるはずだ。

CAPRICORN

24

思い切り「与える」
思い切り「甘える」

山羊座は基本的に恋愛に臆病。自分のなかにある恋心という激しいマグマを解放してしまったら、自分を取り戻せなくなる。そんな恐怖感が、恋心を押さえつけている。

　その結果、一向に恋がはじまらなかったり、「あなたはわたしがいなくても大丈夫」といわれて恋が終わったり。あるいは、深い関係になる前に、パートナーをころころ変えてしまったり。

　人間関係で距離感を保とうとするのは必ずしも悪いことではないけれど、恋愛は別。自分を相手に明け渡し、相手のなかに入り込んで、はじめて深い関係を築ける。一体感を得ることができる。

　だから、恋愛では一歩踏み出してみよう。

　山羊座の場合は「与える」ことからはじめるのがいいかもしれない。山羊座の守護星・土星はサトゥルヌスとも呼ばれる。サトゥルヌスは、土地を耕し、種を蒔き、大事な何かを育てる農耕の神。

　あなたはまだ気づいていないかもしれないが、大切な人を守りたい、支えたい、という気持ちが根っこにある。まずはその気持ちを解放して、ありったけの愛情を相手に与えていこう。徹底的に相手を守り、相手を甘えさせる。

　そのあとに、あなた自身も相手に甘えればいい。山羊座は寄りかかりたくないという気持ちが強いけれど、傷つきやすい部分やネガティブな部分をさらけ出して、相手に依存していこう。

　依存しあうとお互いダメになると心配しているかもしれないが、あなたは「守る」「支える」だけじゃなく、「育てる」という能力があるから、相手をダメにしたりしない。根っこのところで「自立」しているから、どんなに甘えても、ダメになったりしない。

　だから、思い切り与えて、思い切り甘えて、恋を育み、一緒に成長していこう。

CAPRICORN

25

これから
あなたが「愛すべき」人
あなたを「愛してくれる」人

すこし「天然」な人、子どものように「純粋」な人

　社会性があって周囲を気づかって行動する山羊座。でも、心の奥には「純粋」「自由」への憧れがある。だから、パートナーは子どもみたいな人、周りの空気を読まない「天然」な人がいい。相手の「純粋さ」「自由さ」を守ることに幸せを感じ、相手の存在によって、自分のなかにもあるピュアな部分が引き出されてゆくだろう。

あなたの硬さをじっくり「解きほぐして」くれる人

「〜すべき」と自分を追い込みがちな山羊座にとって、一番救いになるのは、心を解きほぐしリラックスさせてくれる人。説教したり、土足で踏み込んだりしてくるのでなく、柔らかな光でじっくりあたためるように、頑な姿勢、憂鬱な気持ちを溶かしてくれる。そんな人に出会えたら、あなたは絶対に幸せになれる。

興味の対象は違っても「向きあい方」が似ている人

　好きなものが同じ相手がいいといわれるけれど、山羊座はそんなことはない。他者への想像力があるから、まったく趣味が違う人のことも理解できるし、愛情を持てる。ただし、大切なのは「スタンス」。興味の対象は違っても「興味の持ち方」が似ていたりリスペクトできると、深く感情を共有できてどんどん仲良くなれる。

アメリカ社会を変革
「新時代」の象徴に

ミシェル・オバマ
Michelle Obama

**1964 年 1 月 17 日生まれ
アメリカ合衆国 元ファーストレディ**

労働者階級の黒人が住むシカゴのサウスサイド地区に生まれ
育つ。プリンストン大学、ハーバード・ロースクール卒業後
は法律家に。バラク・オバマ氏と結婚し、選挙活動を助力。
公私共に夫を支えた。夫が第 44 代アメリカ合衆国大統領に
就任した 2009 年、初のアフリカ系アメリカ人ファーストレディ
となる。知性と強い意志、ユーモアと率直さを併せ持つ彼女
は「新時代のシンボル」として、人々に勇気を与えた。

参考　ライザ・マンディ（著）清川幸美（訳）渡辺将人（監訳・解説）『ミシェル・
オバマ　アメリカを変革するファーストレディ』2009 年　日本文芸社

アメリカ赤十字を創設した
"戦場の天使"

クララ・バートン

Clara Harlowe Barton

1821 年 12 月 25 日生まれ

アメリカ赤十字設立者

男尊女卑が激しい 19 世紀アメリカで、フリースクールの創設や特許庁で男性と同じ給与を得る初の女性職員となるなど、自身の手でキャリアを切り拓く。南北戦争では、戦場への医療品運搬を政府に粘り強く求め、自ら最前線に赴いて兵士たちを看護した。普仏戦争の救援を通して戦災者に人道支援する赤十字の存在を知り、1881 年にアメリカ赤十字を設立。アメリカのジュネーブ条約加盟などにも大きく貢献した。

参考 「AMERICAN CENTER JAPAN」
https://americancenterjapan.com/aboutusa/translations/4927/

CAPRICORN

CHAPTER 6

自分をもっと
成長させるために

【心がけ／ルール】

自分らしさってなんだろう？
誰もが、もって生まれたものがある。
でも、大人になるうちに、
本来の自分を失ってはいないか。
本来もっているはずの自分を発揮するために、
大切にするべきことは？

26

自分の
手持ちの「カード」を
把握する

山羊座は向上心が高いゆえに、自分の欠点・短所にばかりフォーカスする傾向がある。足りない部分や人に比べて劣っている部分が気になって、なんとか補いたい、克服したいと思ってしまう。

　それは悪いことではないけれど、でも、本当に自分らしい未来をつかむためには、あなたがすでに持っているリソースを活用して、広げてゆくことも心がけたほうがいい。

　そういうと、自分に厳しい山羊座は「私には、そんなたいした能力はない」というかもしれないが、「リソース」というのは、人より秀でた能力や長所のことだけじゃない。自分が短所と思っているものだって、リソースになる。

　たとえば、気が弱い性格は人への気づかいに活かせるし、神経質であることが、細やかさや丁寧さにつながる。

　うまくいかなくて苦労した経験も同様だ。たとえば、コミュニケーションが苦手で、人へのアプローチに試行錯誤してきたなら、その経験自体が大きなリソースになる。

　試しに、自分のリソースをリスト化してみたらいい。過去に経験したことを細かく洗い出して、そこからスキル、知識、キャラクター、アイデア、人脈、信頼などにつながるものはないか考えてみるのだ。そうすると、自分が思っている以上にいろんなリソースを持っていることがわかってくるだろう。

　それらは、あなたがチャンスをつかむ「切り札」になる。ピンチから脱するときの「救いのカード」になる。あなたが飛躍するための「勝負のカード」になる。

　山羊座は、過去の経験を一つひとつ積み上げて財産として蓄積していく星座。ないものねだりより、自分の「リソース」、手持ちの「カード」に気づいて、自分の可能性を広げてほしい。

95

27

「雑談力」を
鍛えよう

山羊座は場の空気を読み取れるし、コミュニケーション能力も低くない。ただ、目的意識が強いぶん、会話でもテーマや意味を重視するので、意味のない会話、いわゆる「雑談」が苦手。

　意味のない会話なんて必要ないと思うかもしれないけれど、そんなことはない。

　他愛のない雑談は、ビジネスや学びにも大きな効用がある。重要な相談や交渉をするとき、まず雑談をすることで警戒心が解け、本音を引き出せて、より深い話しあいができる。形式ばった会議よりも、目的のないリラックスした雑談のほうが新しいアイデアやイノベーションを生み出せるという研究結果も出ている。

　だからあなたも「雑談力」を上げていこう。

　雑談力を上げるにはいろんな方法があるけれど、一番は、自分でなく相手にフォーカスすること。自分の話をする前に、相手に質問してみる。それも相手が答えやすい、関心のあること。相手がSNSにペットのことをよくアップしているならペットの話。ファッションが好きそうなら、今日着ている洋服について。

　相手が答えてくれたら、そこから話を広げていこう。より具体的なことや理由をどんどん質問していく。相槌やリアクションも重要だ。もっと打ち解けたいなら、自分の本音やプライベートを先に打ち明けるのもありかもしれない。

　山羊座は、自然に雑談をするのは苦手だけれど、こういうふうに目的意識や方法論を意識しながら、相手と会話を進めていけば、必ずうまく雑談できるようになる。その結果、会議や交渉がうまくいくだけじゃなく、純粋に相手に対する関心が高まっていく。

　人との間に、これまでなかった「素のつながり」が生まれて、根っこにある孤独感が癒されていく。

28

「反省ノート」を
つけよう

山羊座は、失敗やミス、嫌なことがあると、それを引きずりやすい。巷では「ネガティブな記憶にとらわれるな」「早く切り替えろ」というアドバイスをよく聞くけれど、山羊座の場合はすこし違う。

　山羊座はネガティブな感情を抑えて心の奥にしまい込んでいると、かえってもやもやした負の感情にとらわれ続けてしまう。それより、失敗やミス、ネガティブな体験をさらけ出して、まっすぐ見つめる習慣をつくったほうがいい。

　おすすめなのが「反省ノート」をつけること。失敗したことやうまくいかなかったことを振り返って、書き残していくのだ。

　体験を文字にすることで、「ダメだった」と感情的に全否定していたのが、冷静に客観視できるようになる。マイナスの気持ちが、どう対処すればいいかという前向きな方向に変わっていく。「反省ノート」を書くことが、あなたを失敗の記憶から自由にして、あなたを大きく成長させるきっかけになる。

　実際、成功した経営者やお笑い芸人には、「反省ノート」をつけている人が多い。

　コツは抽象的に自分にダメ出しするのでなく、具体的なエピソードを冷静に客観的に書くこと。そのうえで、他に何ができたのか、どういう対応をすればよかったのか、具体的に考えること。

　たとえば、商談が失敗したときの「反省ノート」は、「うまく話せなかった」「もっと粘るべき」というレベルじゃなく、「あの質問にこう答えたのが、信頼を勝ち取れなかった原因」などと具体的に分析して、どういう切り返しをすればよかったのか、そのためにどんな準備が必要だったのか、を考えて書き出す。

　そうやって、反省を具体化していけば、意識して努力しなくても、あなたは見違えるように成長してゆけるはずだ。

29

客観的な姿勢で
「アピール」に
説得力を

能力があるうえ努力家の山羊座は、着実に結果を出しているし、周囲にかなり貢献している。でも一方で、自分の成果や実績をうまくアピールできないところがある。

　自分が何をやったか説明したくても、自慢しているように思えてきて、つい言葉を濁してしまう。それでいて、自分の実績が周りに理解されていないことに気づくと、急に焦ってTPOに関係なく過剰にアピールしたり。

　せっかくの能力や努力を正当に評価してもらうためにも、山羊座は「バランスのいいアピール」を意識したほうがいい。

　大切なのは、ただ「成功した」と主張するのではなく、必ず裏付けとなる客観的なデータを提示すること。たとえば、新規の購買層を開拓したことをアピールしたいなら、売上金額だけでなく、年齢層や属性を示すデータを用意しておこう。そうすれば、もし全体の売り上げが伸びていなくても、あなたの実績を客観的にアピールすることができる。

　もうひとつ、自分だけを主人公にしないで、かかわった人たちみんなの功績を一緒にアピールすることも重要だ。他の人の貢献を強調しながら、あなたが果たした役割をきちんと説明していたほうが、あなたの業績が説得力を持って伝わっていく。

　さらに大事なのは、失敗に終わったときも、きちんと原因を客観的に分析し自分の責任を明確にしたうえで報告すること。

　つねに客観的な報告をしていれば、成果が上がったときに、客観的事実と受け取られる。うまくいかなかったときも、あなたの努力や内省的な態度が評価される。

　山羊座は仕事ができるし、結果を出せる星座。アピール力を身につければ、あなたはもっともっと輝きを増してゆける。

CAPRICORN

30

自分を甘やかす
「チートデイ」を
つくる

山羊座は課題やルールを決めて努力する星座。ただ、そのあまり、ストイックになりすぎて自分を追い詰めたり、大きなストレスを抱え込んでしまうことがある。

　そうならないためには、適度にサボることが必要なのだが、その"適度"が山羊座にはむずかしい。

　だったら「サボる」ということも、あらかじめルールに組み込んでしまうのはどうだろう。

　たとえば「チートデイ」をつくってみるのもひとつの方法。チートデイというのは、ダイエットや食事制限の期間中にあえて設定する「好きなものを自由に食べていい日」のこと。モチベーションを維持したり、栄養バランスを整える効果がある。

　いま、自分の取り組んでいる課題やルールがあるなら、同じ発想でそのルールを無視する「チートデイ」をつくるのだ。

　たとえば、毎日ジョギングや筋トレで体を鍛えているなら、週に1回は体を休めて家でゴロゴロする日をつくる。毎朝早起きして勉強したり仕事をする「朝活」をしているなら、朝寝坊して昼まで寝る日を決める。

　目標にあらかじめ「バッファ」を設定しておくのもいい。

　バッファとは、余裕や余白のこと。たとえば、節約してお金を貯めたいときに、毎月使う額をギリギリに設定するのではなくて、上限額をすこし高めに設定して、そのかわりに必ず守るようにする。

　星座によっては、「チートデイ」や「バッファ」を設定することで、だらしなくなってしまうケースもあるけれど、山羊座はそんなことはない。最初に計画に余裕を持たせることで、気持ちが安定して無理なく継続することができる。心に余裕を持ちながら、目標を達成し、成長していくことができるはずだ。

CAPRICORN

PERSON
山羊座の偉人
11

リンクで観客を魅了する
クールビューティー

荒川静香
Shizuka Arakawa

1981 年 12 月 29 日生まれ
プロフィギュアスケーター

5歳からスケートをはじめ、小学3年生で「3回転ジャンプ」を
マスター。「天才少女」と呼ばれたジュニア時代から数々の大会
でチャンピオンとなり、実績を積み上げた。2006年のトリノ五
輪では、フィギュアスケート女子シングルでアジア人初の金メダ
ルを獲得。優美なスケーティングは、世界中のファンを魅了した。
同年にプロ転向。日本スケート連盟副会長を務めた経験もあり、
メディアなどを通じてスケート文化の振興に注力している。

参考 「荒川静香オフィシャルウェブサイト」
https://shizuka-arakawa.com/profile/

夫と二人三脚で脳を研究
認知症メカニズム解明に光

マイブリット・モーセル
May-Britt Moser

1963 年 1 月 4 日生まれ
神経科学者・ノルウェー科学技術大学教授

ノルウェー西海岸にある小さな島の農場で生まれ育つ。オスロ大学で神経生物学などを学び、神経科学者を志す。ノルウェー科学技術大学で夫のエドヴァルド・モーセル教授と共に脳と行動の関係を研究。方向感覚や位置関係を把握して脳内でGPS のような働きをする「グリッド細胞」を発見した。アルツハイマー病などの解明に一歩近づいたとして、モーセル夫妻と共同研究者の3名が 2014 年のノーベル生理学・医学賞を受賞した。

参考 「THE NOBEL PRIZE」
https://www.nobelprize.org/prizes/medicine/2014/may-britt-moser/biographical/

CAPRICORN

CHAPTER 7

新しい世界を
生きていくために

【未来／課題／新しい自分】

山羊座は、これからの時代をどう生きていくのか。
変わっていく新しい世界で、
未来のあなたがより輝くために、
より豊かな人生を生きていくために、
山羊座が新しい自分に出会うために、
大切なこと。

31

あなたはとっくに
「変化」への準備が
できている

これから起きる大きな変化に、はたして自分はついていけるのか。あなたはいま、そんな不安を抱いているかもしれない。

　5年、10年のスパンで経験や努力を積み重ねて実力をつけ、大きな成功を手に入れるのが山羊座の生き方。行動力はあっても、変化に素早く対応するのは苦手という意識がある。

　でも、それは小さな変化に右往左往せず、自分らしさをまっとうしたいという思いが強いだけ。本当は、山羊座は変化を敏感に察知できるし、「大きな」変化を感じ取ったら、ものの見方や考え方を一から見直し、自分自身を変革することができる。

　あなたもきっとそうだ。

　試しに、この数年の自分について思い出してほしい。さまざまな新しい事態に直面し、困難にさらされながらも、あきらめずに試行錯誤を続けてきたはず。その結果、気づかないうちに、あなたは確実に成長をとげている。視野は大きく広がり、想定外のことが起きても前よりずっと柔軟に対応できるようになった。いくつもの別れを経験したことで、辛さを抱えながらどう前を向くか、気持ちの立て直し方も体得した。

　そう。あなたのなかでは、とっくにこれから起きる大きな変化への準備が整っているのだ。特別なスキルは学んでいなくても、もっと大切な、新しい時代を生き延びるための根本的なものの見方、考え方が身についている。

　だから、みんなが「AIに取ってかわられる」と怯えていてもどっしり構えていれば大丈夫。むしろ目を凝らせば、変化がどんな「果実」をもたらしてくれるかが見えてくる。あなたなら、変化に対処できるだけでなく、変化を足がかりに大きく羽ばたくことだってできるはずだ。

32

バーチャルな時代に
「形あるもの」の
価値を大切にする

物質が支配する「地の時代」は終わり、情報が重視される「風の時代」がはじまる——といわれる。すこし前、一部の占星術家が予測したこの「時代の転換」は、現実になったように見える。少なくとも価値観が大きく変化した。メタバースや NFT など、バーチャルな世界がどんどん広がり、リアルなもの、形あるものは急速に力を失いつつある。

　でも、そういう時代にあっても山羊座は「地の時代」的なリアルへのこだわりを持ち続けたほうがいい。

　それは、山羊座が「地の星座」だからというだけじゃない。山羊座は「形あるもの」のなかで、時間を超えて後世まで残る「本物」を見分ける力、デジタルには置き換えられない「本物」のリアルを生み出す力がある。

　山羊座が選び、つくり出す「本物」は、時代がバーチャルになればなるほど、かけがえのないものとなり、価値が高まっていく。

　だから、好きだった「アナログなもの」「リアルなこと」があるなら、それを続けていけばいい。手で触れ、確かに感じられるものを大切にしていこう。手紙、本、旅、ファッション、手触りのいい素材、車、雑貨、体、人との直接的な触れあい……。

　具体的な「みのり」のある趣味や仕事を、いまからはじめるのもおすすめだ。たとえば、料理を習う、農業をはじめる、陶芸を趣味にする、骨董品を集める……。「地の時代」に見過ごしていたこと、やりたくてできなかったことがあるなら、絶対にやってみよう。

　変化に適応しながら、「リアル」なものを大切にしていけば、あなたの人生はもっと豊かになる。それだけじゃない、バーチャルな時代だからこそ、あなたの生み出す「形あるもの」は周りから高い評価を受け、あなたを成功に導いてくれるだろう。

33

「偶然」や
「アクシデント」を
受け入れる

何をやっても失敗することが少なく、高いクオリティの結果を出せる山羊座。でも一方で、山羊座は人を驚かせる予想外の結果、他とは違う突き抜けたものを生み出すことが苦手。

　もちろんいまのままでも十分だけれど、もしあなたがもう一段階、上のレベルに行きたいなら、「偶然」や「アクシデント」に着目してみたらどうだろう。

　山羊座は緻密に戦略を立て、入念に準備をしたうえで物事に取り組むがゆえに、「計算外」のことを排除する傾向がある。でも、画期的な発明や飛び抜けておもしろいものは、計算やロジックだけでは生まれない。むしろ“奇跡”のような「偶然」や「アクシデント」がきっかけになっていることが多い。

　たとえば、人々の生活を一変させた電子レンジは、レーダー機器を扱うエンジニアが作業中、自分のポケットのなかにあったチョコレートが溶けていたことに気づいて発明された。朝食に欠かせないシリアルができたのも、療養所で働いていたケロッグ兄弟が、茹でた小麦をうっかり放置してしまったことがきっかけだった。便利な付箋紙も、粘着力の非常に弱い接着剤をつくり出してしまったのが先で、「何か使い道はないか」と考えることで、商品化された。映画やアートだって、現場で起きた予想外のハプニングやミスをそのままにした結果、傑作になることがある。

　あなたもこれからは、こういう「偶然」や「アクシデント」を“天の配剤”ととらえて受け入れてみよう。トラブルが起きたら、それをカバーしてシナリオ通りに戻すのでなく、失敗に乗っかってみよう。きっといままでになかった新しい可能性が見えてくる。

　緻密な計算や準備ができるあなたが、「偶然」や「アクシデント」も活用できるようになったら、もう無敵だ。

34

自分のなかにある
「透き通った野心」
に気づく

天頂に輝く山羊座は、「上を目指す」星座。ただ、社会への意識が強いから、その向上心は、仕事やキャリアでの地位やステイタス、評価を上げることにばかり向けられる傾向がある。

　でも、出世したり、社会的な名声や権力を得るだけでは、山羊座は本当の意味での満足は得られない。表面的にはいくら成功を収めても、焦りや嫉妬のような感情を拭えない。

　それは、山羊座が真に求めているものが、そういう俗っぽいものではないから。山羊座の心の奥底には、もっと「大きく美しい目的」がある。透き通るような「純粋な野心」がある。

　人の役に立ちたい、弱い人を助けたい、自然環境を守りたい、みんなの個性を活かしたい、世界から争いをなくしたい……冒頭で、山羊座のなかには「モンスター」がいるといったが、それはまさにそうした「純粋な野心」のことでもある。「純粋な野心」に気づき、「大きく美しい目的」に向かいはじめることで、あなたははじめて焦りや嫉妬から自由になれる。いま以上に努力できるようになる。

　もしあなたがいま、表面的な権力や地位にこだわっているなら、その先のことを考えてほしい。

　出世をしたいと思っているなら、その地位を使ってどんなふうにみんなに幸せを与えられるか。何かものをつくろうとしているなら売れるかどうかだけでなく、みんなの生活をどれだけ豊かにできるか。お金を稼ぎたいと思っているなら、そのお金でどう人を助けていくか。あなたが求める力を使って、社会や人に役立つ方法を考えてみよう。

　俗っぽい野心の向こうにある「透き通った野心」に目覚めれば、あなたはもっと強くなれる。

CAPRICORN

35

新しい時代に
ふさわしい
「新しい居場所」へ

前にもいったように、山羊座にとっての「居場所」は、居心地のいい場所とか、自分を癒してくれる場所じゃない。自分に自信を与え、後押ししてくれる場所。自分の価値観は間違っていない、自分はここでならやれるという気持ちが湧いてきて、ここを起点に行動していくことが想像できる場所。中世の武将たちが領土を支配するために築いた砦のような場所。

　だから、あなたがもし、もっと成長したいと思ったとき、時代が変わって新しい生き方が必要だと思ったときは、「古い居場所」を捨て、「新しい居場所」を探す必要がある。

　武将たちが新たな野望を抱いたとき、領土の外に新たな砦を築いてそこから戦いに出向いたように、山羊座は新しい自分に出会うために、次なる居場所を見つける必要がある。

　もしかしたら、いまがそういう時期かもしれない。時代が節目を迎え、価値観が大きく転換しているなかで、あなたをもっと成長させてくれる、あなたの可能性をもっと引き出してくれる、あなたが生き方を変えるきっかけになる、新たな居場所があるのではないか。

　それは新しい学校かもしれないし、新しい会社かもしれない。あるいは、海外の別の国かもしれない。そんな大きな話ではなくて、小さなサークルや新しい家族かもしれない。

　時代の変わり目にあって、すぐに新たな夢や目標を見つけるのはむずかしい。でもそういうときは、これからの自分を後押ししてくれる新しい「居場所」はどこか、を意識してほしい。

　そういう場所を見つけることさえできれば、あなたはほどなく、新しい自分に出会えるはずだ。

CAPRICORN

PERSON
山羊座の偉人
13

女性の解放に貢献した
哲学界のミューズ

シモーヌ・ド ボーヴォワール
Simone de Beauvoir

1908 年 1 月 9 日生まれ
作家・哲学者

パリの上流家庭に生まれ、哲学教師を経て作家として花開いたボーヴォワール。1949 年刊行の『第二の性』は「女は女として生まれるのではない。女になるのだ」という有名な一節からはじまる。同書は歴史のなかで根付いた「ジェンダー規範」を浮き彫りにし、後世のフェミニズムにも大きな影響を与えた。プライベートでも自由恋愛を実践。事実婚で結ばれた実存主義者のサルトルとは、終生のパートナーとしてお互いを支えあった。

参考 「映画『サルトルとボーヴォワール 哲学と愛』公式サイト」
https://starsands.com/tetsugakutoai/index.php

CAPRICORN

TIME IS ON YOUR SIDE TO THE TOP.

EPILOGUE

山羊座が後悔なく生きるために

山羊座が一歩を踏み出すために、
やりたいことを見つけるために、
迷いを吹っ切るために、
自分に自信を持つために、
新しい自分に変わるための指針。

最初の一歩。

力がいるのはそのときだけだ。

動きはじめた山羊座は止まらない。

あなたは不器用。
あまりの不器用さゆえに、
自分自身に振り回されることもあるだろう。

でもその不器用さは、情熱、欲望、志……
秘められたエネルギーのすさまじさの
裏返しだともいえる。
だから山羊座には
「向かうべき目標」がつねに必要。
「結果的にどうなればいいだろう？」
という自問自答が欠かせない。

あなたは、
自分のなかに棲みついている
モンスターを飼いならす
ことができるだろうか？

心のなかは暴れている。
でもうかつに動き出すわけにはいかない。
そんな葛藤はあなたの底力になる。
きたるべきときに
みんなを一気に頂上まで駆け上がらせる
想像を超えた爆発力となる。

時間が経つほどに、
あなたが続けてきたこと、守ってきたもの、
触れてきたもの、戦ってきたことの
輝きは増していくはずだ。

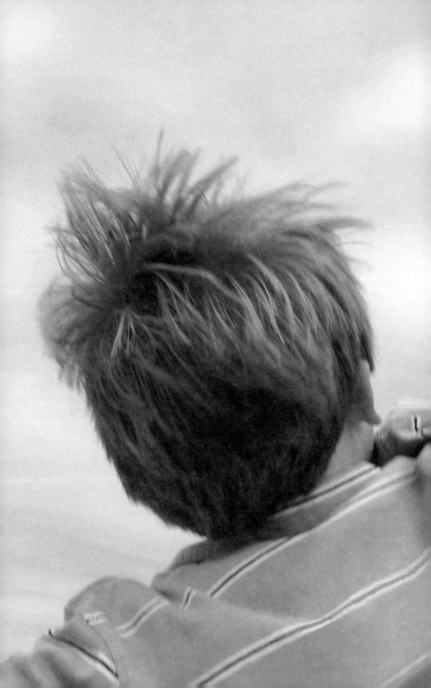

だからその意味を求めるのは、
未来の自分にまかせよう。
いまはただ、目の前のことに
気持ちを注ぐだけ。

山羊座はこの期間に生まれました。

誕生星座というのは、生まれたときに太陽が入っていた星座のこと。
太陽が山羊座に入っていた以下の期間に生まれた人が山羊座です。
厳密には太陽の動きによって、星座の境界は年によって1〜2日変動しますので、
生まれた年の期間を確認してください。(これ以前は射手座、これ以後は水瓶座です)

生まれた年	期間（日本時間）	生まれた年	期間（日本時間）
1936	12/22 09:26 〜 01/20 19:59	1980	12/22 01:56 〜 01/20 12:34
1937	12/22 15:21 〜 01/21 01:57	1981	12/22 07:50 〜 01/20 18:29
1938	12/22 21:13 〜 01/21 07:49	1982	12/22 13:38 〜 01/21 00:15
1939	12/23 03:05 〜 01/21 13:43	1983	12/22 19:29 〜 01/21 06:04
1940	12/22 08:54 〜 01/20 19:32	1984	12/22 01:22 〜 01/20 11:56
1941	12/22 14:44 〜 01/21 01:22	1985	12/22 07:07 〜 01/20 17:45
1942	12/22 20:39 〜 01/21 07:17	1986	12/22 13:02 〜 01/20 23:39
1943	12/23 02:29 〜 01/21 13:06	1987	12/22 18:45 〜 01/21 05:23
1944	12/22 08:14 〜 01/20 18:52	1988	12/22 00:27 〜 01/20 11:05
1945	12/22 14:03 〜 01/21 00:43	1989	12/22 06:22 〜 01/20 17:00
1946	12/22 19:53 〜 01/21 06:30	1990	12/22 12:06 〜 01/20 22:46
1947	12/23 01:42 〜 01/21 12:17	1991	12/22 17:53 〜 01/21 04:31
1948	12/22 07:33 〜 01/20 18:07	1992	12/21 23:43 〜 01/20 10:21
1949	12/22 13:22 〜 01/20 23:58	1993	12/22 05:25 〜 01/20 16:06
1950	12/22 19:13 〜 01/21 05:51	1994	12/22 11:22 〜 01/20 21:59
1951	12/23 01:00 〜 01/21 11:37	1995	12/22 17:16 〜 01/21 03:51
1952	12/22 06:43 〜 01/20 17:20	1996	12/21 23:05 〜 01/20 09:41
1953	12/22 12:31 〜 01/20 23:10	1997	12/22 05:07 〜 01/20 15:45
1954	12/22 18:24 〜 01/21 05:00	1998	12/22 10:56 〜 01/20 21:36
1955	12/23 00:10 〜 01/21 10:47	1999	12/22 16:43 〜 01/21 03:22
1956	12/22 05:59 〜 01/20 16:37	2000	12/21 22:37 〜 01/20 09:15
1957	12/22 11:48 〜 01/20 22:27	2001	12/22 04:21 〜 01/20 15:01
1958	12/22 17:39 〜 01/21 04:17	2002	12/22 10:14 〜 01/20 20:51
1959	12/22 23:34 〜 01/21 10:08	2003	12/22 16:03 〜 01/21 02:41
1960	12/22 05:25 〜 01/21 16:00	2004	12/21 21:41 〜 01/20 08:20
1961	12/22 11:19 〜 01/20 21:56	2005	12/22 03:34 〜 01/20 14:14
1962	12/22 17:15 〜 01/21 03:52	2006	12/22 09:22 〜 01/20 19:59
1963	12/22 23:01 〜 01/21 09:40	2007	12/22 15:07 〜 01/21 01:42
1964	12/22 04:49 〜 01/20 15:27	2008	12/21 21:03 〜 01/20 07:39
1965	12/22 10:40 〜 01/20 21:18	2009	12/22 02:46 〜 01/20 13:26
1966	12/22 16:28 〜 01/21 03:06	2010	12/22 08:38 〜 01/20 19:17
1967	12/22 22:16 〜 01/21 08:53	2011	12/22 14:30 〜 01/21 01:08
1968	12/22 03:59 〜 01/20 14:37	2012	12/21 20:11 〜 01/20 06:50
1969	12/22 09:43 〜 01/20 20:22	2013	12/22 02:11 〜 01/20 12:50
1970	12/22 15:35 〜 01/21 02:11	2014	12/22 08:03 〜 01/20 18:42
1971	12/22 21:23 〜 01/21 07:57	2015	12/22 13:47 〜 01/21 00:26
1972	12/22 03:12 〜 01/20 13:47	2016	12/21 19:44 〜 01/20 06:22
1973	12/22 09:07 〜 01/20 19:44	2017	12/22 01:27 〜 01/20 12:08
1974	12/22 14:55 〜 01/21 01:35	2018	12/22 07:22 〜 01/20 17:58
1975	12/22 20:45 〜 01/21 07:24	2019	12/22 13:19 〜 01/20 23:53
1976	12/22 02:35 〜 01/20 13:13	2020	12/21 19:02 〜 01/20 06:22
1977	12/22 08:23 〜 01/20 19:02	2021	12/22 00:59 〜 01/20 11:38
1978	12/22 14:20 〜 01/21 00:58	2022	12/22 06:48 〜 01/20 17:28
1979	12/22 20:09 〜 01/21 06:47	2023	12/22 12:27 〜 01/20 23:06

※秒数は切り捨てています

著者プロフィール

鏡リュウジ
Ryuji Kagami

1968年、京都生まれ。
心理占星術研究家・翻訳家。国際基督教大学卒業、同大学院修士課程修了（比較文化）。
高校時代より、星占い記事を執筆するなど活躍。心理学的アプローチをまじえた占星術を日本で紹介することによって、占いマニア以外の人にも幅広くアピールすることに成功。占星術の第一人者としての地位を確たるものとし、一般女性誌の占い特集では欠くことのできない存在となる。また、大学で教鞭をとるなど、アカデミックな世界での占星術の紹介にも積極的。
英国占星術協会会員、日本トランスパーソナル学会理事、平安女学院大学客員教授、京都文教大学客員教授、東京アストロロジー・スクール代表講師などを務める。

参考文献

●Quote Investigator®
https://quoteinvestigator.com/2019/04/18/staircase/

●JEMA 一般社団法人 日本電機工業会
https://www.jema-net.or.jp/Japanese/ha/renji/mechanism.html

●ケロッグ -Kellogg's
https://www.kelloggs.com/ja-jp/who-we-are/our-history.html

●ポスト・イット® ブランド
https://www.post-it.jp/3M/ja_JP/post-it-jp/contact-us/about-us/

時を味方に頂上へ
山羊座の君へ贈る言葉

2023 年 10 月 15 日　初版発行

著者　鏡リュウジ

写真　Getty Images
デザイン　井上新八
構成　ホシヨミ文庫
太陽の運行表提供　Astrodienst / astro.com
広報　岩田梨恵子
営業　市川聡／二瓶義基
制作　成田夕子
編集協力　澤田聡子
編集　奥野日奈子

発行者　鶴巻謙介
発行・発売　サンクチュアリ出版
〒 113-0023　東京都文京区向丘 2-14-9
TEL 03-5834-2507　FAX 03-5834-2508
https://www.sanctuarybooks.jp
info@sanctuarybooks.jp

印刷・製本　中央精版印刷株式会社

本書は、2013 年 12 月に小社より刊行された『山羊座の君へ』の本旨を踏襲し、
生活様式の変化や 200 年に一度の星の動きに合わせて全文リニューアルした
ものです。